兒童親子教育課程

the parenting children course

給育有0至10歲
孩子的父母

組長手冊

Leaders' Guide

兒童親子教育課程—組長手冊

The Parenting Children Course - Leaders' Guide
(Traditional Chinese version)

出版者 Published by AAP Publishing Pte Ltd

ISBN: 978-981-07-5931-5

目　錄

歡　迎

非常高興你們決定舉辦兒童親子教育課程，也希望你們能和我們一樣享受這經驗、樂在其中。現今為人父母的壓力更甚以往，許多人需要幫助和支持。看到他們上完課後信心倍增，也比較不覺得孤單，就讓我們更願意努力下去，使更多人能在家中、社區或教會裡獲得這份資源。

這本組長手冊是專為幫助你們能成功舉辦課程而設計的。有一點非常重要就是，組長須熟悉本課程的關鍵要素，和小組帶領人的角色。此外，這本手冊也提供快速的查閱，我們發現這本手冊上的核對清單與時間表，對我們舉辦課程幫助甚大。

如果你們開始舉辦課程，請至**relationshipcentral.org**網站登記。如此可使住在你們那區域的潛在來賓，也能按址前去參加你們的課程。此外，我們亦可提供你們協助。

如有任何問題，請務必聯絡我們，也請務必讓我們知道你們進行的情況。我們十分樂意收到其他舉辦課程者的意見反饋及反應。

Nicky and Sila

李力奇與李希拉

兒童親子教育課程創始人

簡　介

本課程是專為育有0至10歲孩子的父母所設計的，始於1990年英國倫敦的布普頓聖三一堂（HTB），教材則於2011年出版。我們收到來自世界各地的要求，希望能使用這份資源，以及專為育有11至18歲孩子的父母所設計的青少年親子教育課程。

本課程是為所有父母或照顧兒童的人所寫的，無論是自認熟諳教養技巧，或還在艱辛奮鬥的人，也無論是剛懷第一胎，或是單親、或繼父母。來上課的來賓可以是一個人，也可以是夫妻一起。本課程的實用工具可供每一位負責照顧0至10歲孩童的人使用。

本課程共有五課，每週一堂，每堂歷時2.5小時，當中包含用餐時間。不過，也可以把每一課拆成兩堂，每堂歷時1.5小時，同樣每週一堂，如此共十週。由於想到可做這樣的安排，所以DVD每一課的講課內容都分成上下兩集。

理想上，每堂課都先從吃吃喝喝開始，給賓客有機會放輕鬆，且能在友善親切的環境中和其他父母交談。營造美好的氣氛是本課程一個重要部分。同樣重要的是，要讓每位賓客放心，他們不必公開任何不想透露的家庭生活與教養的資訊。不過，許多人都發現到，在小組中與其他同為父母者討論經驗，是本課程讓他們獲益良多的原因之一。

用餐後，由組長向賓客致詞歡迎，報告注意事項，然後提供機會快速複習前一（幾）課，接著播放今日DVD課程，或自己講課。

每一課的講課中間都有休息，給來賓機會討論在聽講中引發的問題。倘若來賓超過10位，最好至少分成兩組，以子女年齡為分組依據（最大的孩子的年齡），每組都要有一位帶領人從旁促進小組討論。

如何舉辦課程

本課程的設計讓你們舉辦起來一點都不難，尤其若採用DVD就更容易了。或許最後你們仍決定自行講課，但我們會建議初次舉辦者最好使用DVD，這樣你們就可以把精力集中在招待來賓，營造最佳氣氛。

無論你們決定用DVD或自己講課，依然需要給每位來賓一本來賓手冊。手冊裡包含小組討論題目，以及課中和課後練習。

使用DVD

所有的講課都有DVD，除了力奇與希拉在攝影棚裡的講課，還包括街頭訪問，教養專家的訪談剪輯，以及嘉賓專訪，應邀嘉賓有父母也有小孩，分享他們教養與被教養的經驗。

DVD會指示你何時暫停，讓來賓做作業或討論。在這本組長手冊的22-40頁有DVD中每一堂講課長度的時間表。

現場講課

如果你們要現場講課，理想上應該由一位母親和一位父親擔任。預備工作如下：

- 每一堂上課前先觀看該課的DVD內容，也不妨閱讀《親子教育（暫譯）》（The Parenting Book）的相關單元。
- 看完DVD後，決定每一單元由誰來主講，一定要兩人輪流，才能夠針對每一主題分別呈現母親和父親的觀點。當然一般來說，現場的二人組並不會像DVD裡的兩位講員那樣頻繁地一來一往。

- 兩人先講好你們要分享自家的哪些故事，要確定不會讓子女現在或將來感到尷尬。若舉負面例子，只舉自己為例，不可舉子女或另一半為例。
- DVD裡有「訪談剪輯」，可在課堂上選取播放專家和嘉賓的訪談。
- 決定要播哪些剪輯片段，全部播放時間會不夠。

典型的一堂
課程架構

五週的課程

一堂課，包含用餐，以不超過2.5小時為準。我們強烈建議不要縮短討論時間，因為這往往是本課程中讓人獲益最多的部分。第22-31頁有五週課程的時間表建議。

十週的課程

把每一課分成上下兩集，如此可將五堂課延長為十週的課程，每一堂課則以不超過1.5小時為準。第32-40頁有十週課程的時間表建議。

1. 歡迎

有些來賓初來乍到，難免有些緊張和擔心，所以先請他們喝點東西，親切地歡迎他們，有助於放輕鬆。

小祕訣：
男士對於來上課尤其會猶豫不決，所以若由男士來接待他們，效果會很好。

2. 用餐

晚間課程

用餐時間很重要，不但讓賓客彼此認識，聊聊父母經，也是在下班後或讓孩子睡覺後到這裡來放鬆一下，總之要讓大家都很自在，所以請務必營造親切而友善的氣氛。通常最好是用過主餐後，先聽講課，接著在15分鐘的練習／討論時間中，上糕餅、甜點和咖啡、茶。

日間課程

餐點可以是早餐，或是輕食，包含茶和咖啡、餡餅、水果與優格、堅果、鬆餅、蛋糕和餅乾等。就像在晚上舉行的課程一樣，餐點可讓來賓放鬆心情，並提供機會認識其他的父母或照顧者。

3. 報告事項與複習課程

從第2週起，先給來賓幾分鐘的時間複習上週課程內容。來賓手冊中有上週（或前幾週）課程複習，來賓可以兩、三人為一組，或按照小組，彼此分享經驗與心得。

4. 講課（上集）與簡短的練習／討論時間

五週的課程

每一堂的講課內容都分成上下兩集，每一集約30分鐘，DVD上有清楚的暫停指示。上集之後有15分鐘的休息，讓來賓享用茶或咖啡，以及糕餅等甜點。這時請看手冊中有無指示填寫練習，若有，可按小組或兩、三人為一組，填寫完後互相討論（夫妻一起來的，可兩、三對為一組，若是單親者則以兩、三人為一組）。

十週的課程

每週播上集或下集，看完後就是練習和討論，播放上集時，簡短的練習／討論時間從15分鐘，可至少延長至半小時，討論手冊中「10週課程使用」的題目。

5. 講課（下集）

五週的課程

接著看下集的講課內容。倘若在剛才的討論中有個主題，小組中某些人感到特別重要，帶領小組討論的人可以將該主題放到最後再來討論，最好不要將播映下集講課的時間延後，那樣最後的討論時間就不夠了。有時候看完下集之後，再來討論會更順利。

6. 小組討論

五週與十週的課程

每一堂講課之後進行，時間約半小時，每一小組都有一帶領人以促進大家參與討論，討論題目在來賓手冊中，目標不在於得到所有的答案，而在於讓每一位來賓都有機會發言。帶領人偶爾可以視情況需要分享自己的經驗。小組可以依照最大孩子的年齡來分組，確保每一小組的父母都在類似的教養階段，有類似的問題可討論。如果小組的帶領人也是為人父母，理想上他或她至少要有一個小孩和該組來賓的孩子年齡相同。

7. 結束

五週和十週的課程

請務必按照預定時間結束，好讓要準時離去的來賓感到自在。最好是由帶領人宣布聚會結束，並站起身，不管討論進行得多熱烈或尚未得出結論。晚間課程的來賓有些因安排照顧孩子的因素，需要準時離開，而日間課程的來賓有些則需接孩子放學或下課，都不宜拖延時間。

不急著離開的來賓可能想要繼續聊一聊，在小組討論中提出的問題不一定會有明確的解答，提出問題並聽其他父母的經驗談，可幫助來賓知道他們並不孤單，碰到類似挑戰的大有人在，並能將眼光放長遠些。

8. 家庭作業

手冊中有些作業是讓來賓帶回家做，下次上課再來討論的。這部分也很重要，因為有助於來賓將課程主題應用到自身的情況。（鼓勵來賓做家庭作業時，請向他們保證不必交給老師評分！）

9. 反饋

五週與十週的課程

最後一堂課發給每位來賓一張問卷，一方面讓來賓回顧課程內容，一方面也給組長反饋意見。應在用餐時間發給來賓填寫，課後交回。（問卷範例可從我們的網站下載：**relationshipcentral.org**）

營造合宜的氣氛

溫馨與接納的氣氛對於課程效果至關緊要。務必讓來賓感到放鬆，能夠自在地談論敏感問題，這唯有在合宜的氣氛下方有可能。

1. 選擇最佳場地

關鍵在於找到一個可以讓你營造溫馨氣氛和享用餐點的場地：

- 假如參加的人數不多，通常最佳場地就是在家裡面。
- 倘若人數很多，可以在教會、餐廳、離峰時間的咖啡店、學校教室、飯店等。

2. 親切、有趣和輕鬆的佈置原則

- 倘若不是在家中舉辦，而場地並不吸引人，那麼請找善於佈置的人，把它改造成充滿溫馨、友善和輕鬆的地方。只要一點創意，即使最單調的房間也可以轉變成絕佳的場地。
- 將座椅排成一圈以便小組討論，若能圍著咖啡桌或茶几坐是最理想，可讓每一位來賓都有歸屬感（尤其獨自前來的），也有助於每一個人發言與小組討論。這種座位安排也能幫助來賓比較容易聊天、交朋友，不論是在餐點或討論時間。討論時如有必要，各人可以自行調整座椅（參見第41頁教室佈置建議）。
- 用餐時間和課後時間請將燈光轉為柔和，並播放輕柔的背景音樂，以營造輕鬆的氣氛。

3. 提供餐飲

- 課前提供餐飲，讓來賓有機會放鬆、彼此認識。
- 課程若排在晚上，來賓可以在下班後直接過來，不必擔心晚餐。建議在上課前享用主餐，至於咖啡、茶、糕餅、甜點等，在課間休息或練習／討論時間再享用。

4. 提供最佳服務

- 有些來賓對於上課有些緊張和擔心，所以服事團隊如能有最貼心的服務，讓他們有賓至如歸的感覺，可幫助他們放鬆心情，自在地參與。
- 在五週的課程中，由小組帶領者為來賓倒咖啡和茶，來賓可由此看出你們的關心，並且他們的家庭生活在你們眼中很重要。

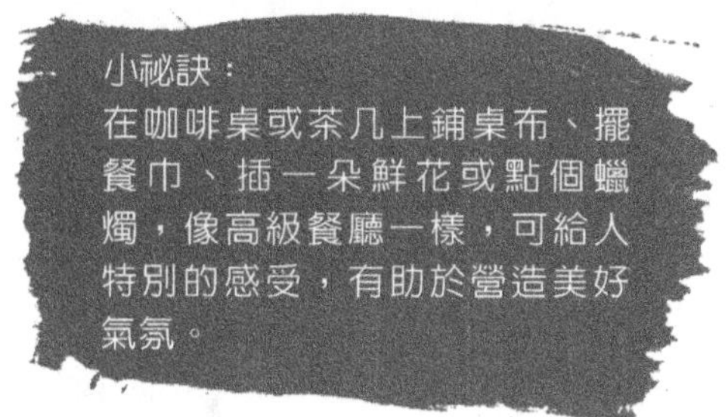

帶領小組討論

小組帶領人的角色對於來賓的上課經驗非常重要，如果小組不只一個，務必讓所有帶領小組討論的人在課前先聚集，確認他們都了解自己的角色，他們除了促進小組討論外，還要在課前與課間擔任招待。每個小組的帶領人都應該有這本組長手冊。

理想的情況是，每一小組至少有兩名帶領人，假如小組中有作爸爸的、也有作媽媽的，那麼帶領人最好是一男一女。

1. 帶領人的角色

- 主要是歡迎與接待來賓，介紹他們彼此認識，為他們倒茶或咖啡，關心近況，並在每一堂課的練習與討論時間鼓勵大家發言。
- 第一堂課的第一次討論時間，帶領人應鼓勵大家盡量發言，不方便講的部分可以不講。也請來賓尊重他人，彼此保密，小組討論所談的內容不外流。
- 帶領人並不是指導員，任務是鼓勵發言、促進對話與討論，而不是教導來賓如何養育兒女（那是講課的目標！）。小組的帶領人也可以提供自己教養／照顧子女的經驗，但需切合該堂課探討內容。他們應以鼓勵與肯定為目標，所以在分享經驗與祕訣時要用「我」或「我們」（例如，「我／我們」發現這一點很有用……），而不要用指教的口吻（「你不要再那樣做了，應該這樣做」）。因為說「我」可讓來賓自由表示同意或不同意，而不會感覺被論斷。

2. 課前預備

- 小組帶領人應當熟悉來賓手冊中的討論題目，上課前就要預備好。
- 如能在課程前預讀《親子教育》（暫譯）則更好，如此可熟悉每堂課所涵蓋的各項主題，因為書中的內容比課程更豐富。這本書也涵蓋青少年親子教育，讓帶領人的眼光可以放得更遠。

3. 實際執行的細節

- 先把座椅排好，讓來賓可以彼此看見、聽見。
- 帶領人的位子要能看見所有組員。
- 燈光要充足，好讓來賓需要時可閱讀手冊並作筆記。
- 檢查通風狀況，不要太悶、也不要太冷。

- 準時——以準時開始、準時結束為目標。
- 如果來賓在10人以上，也有足夠的帶領人，則分成兩組較佳，讓每個人都有機會發言。

4. 小組討論會被兩種帶領風格破壞

- 軟弱型——沒有預備好，發言機會都讓某一個人占去。
- 強勢型——自己唱獨腳戲，沒有給其他人表達意見的機會。

5. 問開放式的問題

- 所謂「開放式」問題，就是不能光答是與否，而是容許有不同的反應，例如：「目前你在教養兒女上面臨最大的挑戰是什麼？」「你選擇來上課的主要原因是什麼？」「你希望從這套課程獲得什麼？／你希望能有什麼收獲？」
- 請依照來賓手冊中的問題來進行小組討論，除非有來賓提出一個令多數組員感興趣的問題。
- 倘若未能將來賓手冊中的問題全部討論完，也不要緊，儘可能多用這些問題讓討論持續進行，同時儘量讓每一位來賓都發表意見。
- 假如只討論了一、兩題，眼看時間快到，應在結束時間前幾分鐘，問小組：「有沒有人想要討論手冊上的其他問題？」若有，請對小組說，這個問題留到下一次討論（放到用餐時間或小組討論時間）。
- 先準備一些延伸的問題，以備萬一引不起討論，場面尷尬時可派用上場。
- 有兩個基本問題可問：「你有什麼看法？」和「就剛才所聽到的你感覺如何？」
- 若有來賓提出問題，不要自己作答，而是問小組：「大家有什麼看法呢？」
- 避免高姿態，對每一個人都要尊重，對每個看法都要顯出興趣，就算你不同意。

6. 要作好答不出問題的心理準備

- 假如有人提出超過你的經驗或知識的問題，應坦白說你不知道，不必害怕。必要的時候，可告訴提問的來賓，你會去查資料，等下次上課再回答。
- 從《親子教育》（暫譯）或來賓手冊附錄的推薦書單中的書籍去找，是否涵蓋那個問題。（在我們的網站 **relationshipcentral.org** 有更多推薦書籍）
- 下週上課時，關於那個問題，可在用餐時間與提問的來賓個別聊，或在小組討論中再次提出來討論。
- 假如所提出的問題需要專家協助，請鼓勵該位來賓找醫生或受過訓練的諮商師談。

轉介

上課之前，帶領者應先找出本地有無任何可用的資源，當碰上超過自身經驗和課程範圍的問題時，可以轉介過去。

不論是課程所提出的、或生活中碰到的問題，來賓可能會希望找一位受過訓練的諮商師談。對某些父母來說，本課程將是他們尋求協助的第一步。

可能的話，先蒐集可處理教養問題的諮商師、教育心理學者或輔導的聯絡方式。以英國為例，可轉介到英國諮商暨心理治療協會（British Association for Counselling and Psychotherapy），基督徒諮商師協會（the Association of Christian Counsellors）或是英國心理治療理事會（the UK Council for Psychotherapy）。此外，來賓孩子的學校可能會有教育心理學家可轉介諮詢。再不然，也可推薦來賓去找醫師，尤其倘若問題牽涉到他們本身或子女的身體或情緒健康的話，更須轉介給專業醫師。

推廣課程

以下是有助於推廣課程的方式：

- 邀請你們教會的領袖一起參與。協助教會的領導者看到本課程的異象，以及本課程會帶給教會成員和附近其他父母很多好處。
- 請求在主日崇拜時間報告此課程。運用各種辦法公佈開課時間，如教會網站、週報、佈告欄等，大力邀請會友參加。
- 運用影片（請上 **relationshipcentral.org** 網站）引起父母和其他照顧孩童者的期待心情。此三分鐘短片不但簡介課程綱要，也會令人想進一步了解。
- 想想其他可以展示海報和邀請卡的地方（關於海報和邀請卡，請至 **alphashop.org** 和 **alphaprintshop.org** 網站）
  - 本地各教會
  - 各學校
  - 診所的候診室
  - 本地圖書館
  - 義賣商店
- 設法讓一篇有關本課程的文章登在當地報紙上，或上本地廣播電台接受訪問。
- 在父母會經常出入的場所詢問可否放置邀請卡或海報，例如：
  - 報章雜誌販售處
  - 健身中心
  - 本地的其他商店
  - 本地的休閒中心／游泳池
- 別忘了，使人報名上課的主要原因是個人推薦。所以在最後一堂課時，務必發給每位來賓邀請卡，鼓勵他們至少向一位作父母的人推薦此課程，如此你們課程就能生生不息。
- 請至 **relationshipcentral.org** 網站登記你們的課程時間，如有人上網瀏覽本地課程資訊時，可以找到你們舉辦的課程而報名參加。

快速
核對清單

除了本手冊上的時間表，你們還需要以下物品：

- ☐ 一套兒童親子教育課程DVD
- ☐ 兒童親子教育課程來賓手冊（參加者每人一本）
- ☐ 音樂（及播放方式）——在用餐時間和上完課後播放，用MP3播放器中的播放清單是最容易的方式
- ☐ 餐飲（冷熱飲，包括咖啡和茶）
  夜間課程——主餐和蛋糕或餅乾
  日間課程——早餐或上午點心
  例如餡餅、水果和優格、蛋糕和餅乾
- ☐ 桌椅、適合的燈光、桌巾、餐巾、蠟燭、花瓶與鮮花
- ☐ 盤子、杯子、咖啡杯與碟
- ☐ 參加者名單和名牌。帶名牌有助於大家彼此認識。若參與人數多，名牌上除了來賓姓名外，應加上組別（如第1，2，3組等），幫助大家快速找到自己所屬的組別
- ☐ 筆
- ☐ 多準備幾本來賓手冊，以備萬一有人忘了帶，裡面要夾一張白紙，讓借用的來賓作筆記（以免寫在借用的手冊上）

小祕訣：
不妨準備一本《親子教育（暫譯）》，因為有些來賓會想要多了解某一課的內容，也可以送給每位來賓一本，費用包含在上課費用內。

- ☐ 一張展示推薦書單上之書籍的桌子（非必須的）
- ☐ 多準備一套（幾套）課程DVD，以備缺課的來賓借用，準備借用單供填寫，以掌握借用與歸還狀況
- ☐ DVD播放機
- ☐ 電視機、螢幕或投影機
- ☐ 講員用的麥克風與講台（人數較多的課程會需要）

小祕訣：
欲獲得最新消息與資源，建議定期上我們的網站：
relationshipcentral.org

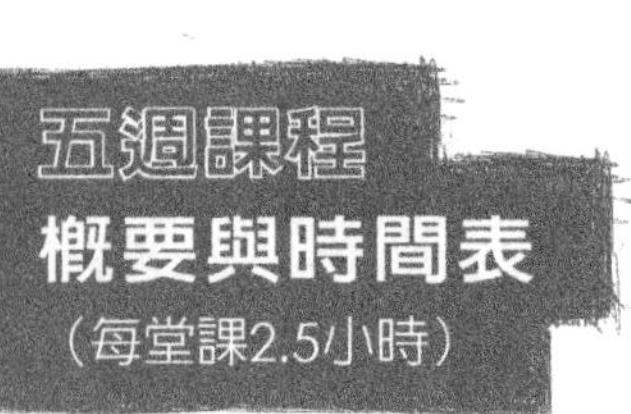

五週課程
概要與時間表
（每堂課2.5小時）

第一課──建立穩固的根基

1. 課程概要

上集講到家庭的目的，內容涵蓋家庭應該是給孩子支持的地方、有許多樂趣的地方、給孩子道德指標的地方，以及孩子學習與人相處的地方。並介紹每週定期安排全家一起玩樂的「家庭時間」的觀念。下集鼓勵作父母的訂定目標，描繪願景。接著談到如何建立健康的家庭生活，鼓勵孩子積極的玩，父母應與每個孩子有個別的相處時間，以建立親密的連結，還有如何建立有益身心健康的固定作息，包括用餐與就寢時間。

2. 核對清單

- 請看第20-21頁的快速核對清單

3. 時間表

（以下時間表是以晚上上課為準，其他時間上課，只要更改上課時間，依序類推即可）

6.30　組長和小組帶領者聚集禱告

6.45　一切就緒！（第一堂課常常會有來賓提早到），給來賓倒飲料

7.00　用餐（倘若來賓超過10人，應分小組帶開用餐）

7.30　致詞歡迎，以及報告事項

–「歡迎各位來參加兒童親子教育課程，每一堂課都包含講課與討論兩部分，大家可以和其他父母討論子女教養

的問題。請大家放輕鬆，如有任何關於你的孩子或家庭生活的細節是你不想透露的，可以不談，沒有關係。」

–「如果您有哪一堂課不能來，我們有課程DVD可供借閱。」（如果有的話）

–「如果您有關於子女的教養問題是本課程沒有涵蓋的，我們可以提供本地的家庭諮商師聯絡資料給您，或者由我們幫您聯絡。」

–「接著我們先用幾分鐘輪流自我介紹。請先向大家介紹你的姓名、您子女的年齡，還有你目前在教養上碰到的最大的挑戰是什麼。我們要提醒大家，秉持互相尊重的原則，在課堂上所分享的個人與家庭生活訊息，都請不要傳出去。」

請注意：以下時間是按照DVD上的講課時間長度所定。

7.40 開始播放DVD（或你們的現場講課）——上集：家庭的角色（33分鐘）

8.13 練習與討論

「請翻開手冊上的練習：評估你的教養現況，開始填寫。寫好以後，請以兩人或三人一組討論。如果你們是夫妻一起參加，建議你們兩人彼此討論教養現況和想要做的改變。」（小組的帶領人上茶、咖啡和甜點）

8.28 播放DVD（或現場講課）——下集：健康的家庭生活模式（32分鐘）

9.00 小組討論（請用來賓手冊中的討論題目）

9.30 準時結束。鼓勵來賓在下次上課前完成家庭作業練習1和2。

現場講課：視情況以禱告結束課程。範例：

「主啊，我們為祢所賞賜的孩子獻上感謝，也感謝祢給我們家庭生活，讓孩子有最好的成長環境。求祢幫助這裡的每一位，使我們的家都能成為支持孩子的地方、共享歡樂的地方、讓孩子學習人生重要價值觀、和彼此相愛的地方。如此禱告是奉耶穌的名，阿們。」

第二課──滿足兒女的需求

1. 課程概要

本課要談父母如何滿足兒女的需求。上集介紹一個觀念是，孩子都有一個「情感槽」（emotional tank），當他們知道父母給他們無條件的愛，這槽就會常保盈滿。蓋瑞・巧門的五種愛之語可幫助父母了解如何用不同的方式表達愛。先談兩種愛的表達方式：言詞與肢體的接觸。下集接著談另外三種愛之語：時間、禮物與行動。鼓勵作父母的找出哪一種愛之語最能讓孩子感到被愛，同時也要找出哪一種愛之語是自己最難表達的。

2. 核對清單

- 請看第20-21頁的快速核對清單

3. 時間表

6.30 組長和小組帶領者聚集禱告

6.45 為早到的來賓倒飲料

7.00 分組用餐

7.30 報告事項與回顧前週課程

- 「歡迎已經上過第一課的來賓，也歡迎今天第一次來的朋友。」
- 「如果你忘記帶來賓手冊，我們這裡有備份可供借用，請把你的筆記寫在白紙上，回家後再把筆記騰在你自己的手冊上。」
- 「每堂課一開始都會先複習前面的內容，請翻開你的手冊，看上週課程複習。請在小組中分享哪個部分對你最有切身的幫助，還有過去一週中你是否安排『家庭時間』，若有，請分享如何進行，情況如何？」

7.45 開始播放DVD（或現場講課）——上集：五種愛之語——言語和肢體的接觸（28分鐘）

8.13 簡短的討論

「請兩、三人為一組，討論手冊上的題目。」

（小組的帶領人上茶、咖啡和甜點）

8.28 播放DVD（或現場講課）——下集：五種愛之語——時間、禮物和行動（27分鐘）

8.55 小組討論（討論題目在來賓手冊中）

9.30 準時結束。鼓勵來賓在下次上課前完成家庭作業練習1–4。現場講課：視情況以禱告結束課程。範例：

「主啊，感謝祢向我們保證祢對我們的愛，求祢指示我們如何向我們每一個孩子表達愛，好讓他們在我們的愛中有充分的安全感，能有信心去建立穩固的友誼，也會想要照顧別人的需要。奉耶穌的名祈求，阿們。」

第三課──為兒女立界線

1. 課程概要

本課帶父母看如何給孩子立健康的界線。上集比較不同的教養風格（忽略型、獨裁型、放任型和權柄型），也讓父母看到結合溫柔與堅定的風格（權柄型教養）是對孩子的健康發展最有益的。本課也解釋對與錯之選擇的概念，鼓勵父母幫助孩子從小就為自己的行為負起責任。下集提出幾個實際方式，既可使父母控制自己的情緒，也幫助孩子作好的選擇。本課的另一重點是，當孩子觸犯界線，要讓孩子嘗到行為的後果。鼓勵父母同心用各種方法為孩子立界線。

2. 核對清單

- 請看第20-21頁的快速核對清單

3. 時間表

6.30　組長和小組帶領者聚集禱告

6.45　為早到的來賓倒飲料

7.00　分組用餐

7.30　報告事項與回顧前週課程

- 「上一課我們看到如何讓孩子感到被愛。如果你想深入了解如何更有效地向每一個子女表達你的愛，推薦你看蓋瑞・巧門與羅斯・甘伯合著的《兒童愛之語》。」
- 「請翻開手冊看上一週的複習。如果你在上一週之中用新的方式使用這五種愛之語中的一種，向孩子表達你的愛，請在小組中分享你是怎麼做的，效果如何？」

7.45　開始播放DVD（或現場講課）──上集：有愛也要有界線

8.16　練習與討論

「請填寫手冊中的練習『自然的幼稚行為』，然後兩、三人為一組互相討論。」

（小組的帶領人上茶、咖啡和甜點）

8.31 播放DVD（或現場講課）—— 下集：幫助孩子作好的選擇（23分鐘）

8.54 小組討論（討論題目在來賓手冊中）

9.30 準時結束。鼓勵來賓在下次上課前完成家庭作業練習1和2。

現場講課：視情況以禱告結束課程。範例：

「主啊，感謝祢指示我們何為最好的行為方式，求祢幫助我們清楚看見如何為孩子立正確的界線。也求祢幫助在場每一位父母迎向各自的挑戰，幫助每一位對待子女時不但有愛也有界線。奉耶穌的名祈求，阿們。」

第四課——教導健康的人際關係

1. 課程概要

本課講如何教導子女建立健康的人際關係。孩子們從自己的家庭最能學到如何與人相處，父母的身教對孩子影響甚鉅。上集看到的是，父母應學習一項極有力的技能，就是如何有效地聆聽。並有作業練習「反映式聆聽」。下集看到的是，如何恰當地處理我們的怒氣，以及如何幫助兒女處理他們的怒氣。最後則強調父母自己應好好地解決衝突，作孩子的良好示範，包括如何表達道歉與原諒，言歸於好。

2. 核對清單

- 請看第20-21頁的快速核對清單

3. 時間表

6.30　組長和小組帶領者聚集禱告

6.45　為早到的來賓倒飲料

7.00　分組用餐

7.30　報告事項與回顧前週課程

- 「下週會有推薦書目的特價活動，歡迎選購。」（視情況宣布須用現金支付，或是有提供刷卡。）
- 「請看來賓手冊的上週課程複習，想想看你上一週有沒有碰到需要給孩子立界線的例子，然後在小組裡分享實施的結果，互相討論。」

7.45　開始播放DVD（或現場講課）——上集：人際關係的以身作則和練習（30分鐘）

8.15　練習與討論

「請填寫手冊中的練習，反映式聆聽。請以兩人為一組，有一個假裝小孩（年齡在5至10歲間），另一個假裝是小孩的父母。小孩先說手冊中所列出的句子，例如『我們班上每一個人都畫得比我好。』父母如實反映你認為孩子說這句話時心中的感受，比方『聽起來好像你覺得畫畫很難。』（扮演父母的先不要出意見或給安慰——那放到稍後比較合適。）」

然後「小孩」指出「父母」了解得對不對。接著「父母」再次作如實反映。

例如，小孩：「嗯，老師要我們畫的，我一點都畫不出來。」

父母：「那你一定覺得很煩喔。」

對話持續一、兩分鐘，然後交換角色。使用另一句話起頭，遵循上述指示演練下去。

作完以後，兩、三人為一組討論作「小孩」講話有父母聆聽的感覺如何？還有，你覺得作「父母」如實反映小孩的感受難不難？

接著請討論手冊中的問題2，你是否已經養成對某個孩子偏心的不良習慣？例如：對某個孩子講話比較注意聽，對另個孩子講話則不太留意？

（小組的帶領人上茶、咖啡和甜點）

8.30 播放DVD（或現場講課）——下集：處理怒氣（我們的和孩子的）（27分鐘）

8.57 小組討論（討論題目在來賓手冊中）

9.30 準時結束。鼓勵來賓在下次上課前完成家庭作業練習1和2。

現場講課：視情況以禱告結束課程。範例：

「主啊，感謝祢以耐心與仁慈對待我們，感謝祢饒恕我們做錯事。但願在我們的家中常常看到道歉與原諒，求祢幫助我們好好解決衝突，給孩子作良好的示範，讓他們看到如何用健康的方式處理怒氣。奉耶穌的名祈求，阿們。」

第五課──父母的長期目標

1. 課程概要

最後一課探討家庭的長期目標，以及父母如何以健康的獨立為目標來訓練孩子。上集幫助父母辨認自己裡面有哪些徵兆，顯示不健康的控制。此外亦針對如何協助孩子面對毒品、酒、性與網路時作出好的選擇，提出實際的建議。下集講到如何將我們的信仰與價值觀傳給子女，也要看看建立家庭傳統、作息常規與儀式的好處，不但可以營造家庭的認同感與安全感，並可透過這些將正面的價值觀傳遞給孩子。

2. 核對清單

- 請看第20-21頁的快速核對清單

3. 時間表

6.30　組長和小組帶領者聚集禱告

6.45　為早到的來賓倒飲料

7.00　分組用餐

7.30　報告事項與回顧前週課程

- 「下課後請把握特價的機會購買推薦的書籍。」
- 「請盡量拿下一期課程的邀請卡，給任何你認為會對兒童親子教育課程有興趣的人。」
- 「上完本課程的夫婦不妨接著參加婚姻課程，如果你們想一起來上課的話，歡迎報名參加，也請多拿一些邀請卡，邀請別人來參加。」
- 「啟發課程是探索人生意義、討論基督教信仰的好機會。這套課程已經幫助許多父母確定他們希望將哪些信念與價值觀傳遞給下一代。這裡有課程邀請卡，請踴躍參加。」

–「請您花幾分鐘填寫問卷，不但可幫助您回顧整個課程，並且您所給我們的反饋能幫助我們下次把課程辦得更好。課程結束前我們會給大家幾分鐘填寫問卷。」

請從我們的網站：**relationshipcentral.org**下載問卷。

7.45 開始播放DVD（或現場講課）——上集：鼓勵孩子負責任（30分鐘）

8.15 練習與討論

「請填寫練習『逐漸放手』，然後兩、三人為一組互相討論。」

（小組的帶領人上茶、咖啡和甜點）

8.30 播放DVD（或現場講課）——下集：傳承信仰與價值觀（30分鐘）

9.00 小組討論（討論題目在來賓手冊中）

9.30 準時結束。鼓勵來賓完成家庭作業練習1至3。

現場講課：視情況以禱告結束課程。範例：

「感謝主，祢認識來上課的每一位父母的孩子。感謝主，因我們可以為他們向祢祈求，並且為祢垂聽我們的祈求，感謝祢。我們也為除父母以外，其他對孩子的成長有正面影響的人感謝祢。求祢實現祢為每個孩子所定的旨意，請幫助我們將子女交託給祢，也把我們對子女的期許與渴望交在祢手中。願我們都能營造充滿愛與安全感的家，讓我們的孩子在其中自由自在地發揮祢所創造的獨特性。奉耶穌的名祈求，阿們。」

請來賓填寫問卷並交回，再離開。

十週課程
概要與時間表
（每堂課1.5小時）

有些帶領者比較喜歡把課程分成十週，假如你們把課程排在早上，又顧慮到來上課的父母需要去接小孩，或者是其他原因，無法一次安排兩個半小時上課，那麼你們就需要分成10週上課。也就是把每一課都分成上集和下集，每週只上一集。

（以下時間表是按照早上上課的日間課程來訂的。）

請注意：講課的時間長度是依據DVD而訂的。

第 1 週
第一課──建立穩固的根基，上集

10.00　歡迎來賓，並請他們先享用茶點（咖啡、茶、餡餅、水果、優格與糕餅等）

10.15　致詞歡迎和報告事項

- 「歡迎各位來參加兒童親子教育課程，每一堂課都包含講課與討論兩部分，大家可以和其他父母討論教養的問題。請大家放輕鬆，如有任何關於您的孩子或家庭生活的細節是你不想透露的，可以不要談，沒有關係。」
- 「如果您有哪一堂課不能來，我們有課程DVD可供借閱。」（如果有的話）
- 「如果您有關於子女教養的問題是本課程沒有涵蓋的，我們可以提供本地的家庭諮商師聯絡資料給您，或者由我們幫您聯絡。」

–「接著我們先用幾分鐘自我介紹。請先向大家介紹你的姓名、你子女的年齡，還有你目前在教養上碰到的最大的挑戰是什麼。我們要提醒大家秉持互相尊重的原則，在課堂上所分享的個人與家庭生活訊息，請都不要傳出去。」

10.25 開始播放DVD（或你們的現場講課）——上集：家庭的角色（33分鐘）

10.58 請來賓寫練習：評估你的教養現況，然後小組討論（請看來賓手冊中「10週課程使用」的討論問題）

11.30 準時結束。鼓勵來賓在下次上課前完成家庭作業練習1。現場講課：視情況以簡短的禱告作結束（DVD中上集結束時並沒有禱告），範例：

「主啊，我們要為來上課的每一位父母或照顧者的孩子感謝祢，我們也要為這些孩子祈求，願每一個孩子都能在家庭生活中深深體會到安全感、自尊和意義。請幫助我們能讓家成為孩子學習建立穩固關係的地方。奉耶穌的名祈求，阿們。」

第 2 週

第一課——建立穩固的根基，下集

10.00 歡迎來賓，並請他們先享用茶點

10.15 報告事項與複習上週內容

–「歡迎已經上過第一課的來賓，也歡迎今天第一次新來的朋友。」

–「如果你忘記帶來賓手冊，我們這裡有備份可以借用，請把你的筆記寫在白紙上，回家後再把筆記謄寫在你自己的手冊上。」

–「每堂課一開始都會先複習前面的內容，請翻開你的

手冊，看第一週課程複習。然後請在小組中（或兩、三人為一組）分享過去一週以來你在教養上是否有任何改變？」

10.25 開始播放DVD（或你們的現場講課），下集：健康的家庭生活模式（32分鐘）

10.57 小組討論（請用來賓手冊中提供10週課程使用的討論題目）

11.30 準時結束。鼓勵來賓在下次上課前完成家庭作業練習2。現場講課：視情況以簡短的禱告作結束，範例：
「主啊，感謝祢向我們保證祢對我們的愛，求祢指示我們如何向我們每一個孩子表達愛，好讓他們在我們的愛中有充分的安全感，能有信心去建立穩固的友誼，也會想要照顧別人的需要。奉耶穌的名祈求，阿們。」

第3週

第二課——滿足兒女的需求，上集

10.00 歡迎來賓，並請他們先享用茶點

10.15 複習
「請翻開手冊複習前兩週的內容。請找同一組的人分享這些內容對你最有切身幫助的是什麼，還有過去這一週你是否已經安排了「家庭時間」，若有，請分享進行得如何。」

10.25 開始播放DVD（或現場講課）——第二課上集：五種愛之語——言詞與肢體的接觸（28分鐘）

10.53 小組討論（請用來賓手冊中「10週課程使用」的討論題目）

11.30 準時結束。鼓勵來賓在下次上課前完成家庭作業練習1和2。
視情況以簡短的禱告作結束，範例：

「主啊，感謝祢把我們每一個都創造成為接受愛與付出愛的人。求祢幫助我們用言語向我們的孩子表達愛，用關愛的觸摸讓孩子感到自己是被愛的。奉耶穌的名祈求，阿們。」

第4週
第二課——滿足兒女的需求，下集

10.00　歡迎來賓，並請他們先享用茶點

10.15　複習

「請兩、三人為一組，討論用肯定的言詞和關愛的觸摸表達愛，有沒有看到孩子變得不一樣。」

10.25　播放DVD（或現場講課）——下集：五種愛之語——時間、禮物和行動（27分鐘）

10.52　小組討論（請用來賓手冊中「10週課程使用」的討論題目）

11.30　準時結束。鼓勵來賓在下次上課前完成家庭作業練習3和4。

現場講課：視情況以簡短的禱告作結束，範例：

「主啊，感謝祢向我們保證祢對我們的愛，求祢指示我們如何向我們每一個孩子表達愛，好讓他們在我們的愛中有充分的安全感，能有信心去建立穩固的友誼，也會想要照顧別人的需要。奉耶穌的名祈求，阿們。」

第5週
第三課——為兒女立界線，上集

10.00　歡迎來賓，並請他們先享用茶點

10.15　複習

「請討論上週以來是否使用了任何一種愛之語，若有，請說說看對你的孩子產生什麼影響。」

10.25　開始播放DVD（或現場講課）——第三課上集：有愛也要有界線

10.56　練習與討論

請來賓填寫手冊中的練習「自然的幼稚行為」，然後小組討論（請用來賓手冊中「10週課程使用」的討論題目）。

11.30　準時結束。鼓勵來賓在下次上課前完成家庭作業練習1。

現場講課：視情況以簡短的禱告作結束，範例：

「主啊，感謝祢指示我們何為對、何為錯。求祢幫助我們教導孩子為自己的行為負責，請祢幫助我們對孩子有溫柔也有堅定，也幫助我們在為孩子立界線的同時能控制自己的情緒。奉耶穌的名祈求，阿們。」

第 6 週

第三課——為兒女立界線，下集

10.00　歡迎來賓，並請他們先享用茶點

10.15　複習

「請兩、三人為一組，討論上週課程內容對你最有幫助的地方。」

10.25　開始播放DVD（或現場講課）——第三課下集：幫助孩子作好的選擇（23分鐘）

10.48　小組討論（請用來賓手冊中「10週課程使用」的討論題目）

11.30　準時結束。鼓勵來賓在下次上課前完成家庭作業練習2。

現場講課：視情況以簡短的禱告作結束，範例：

「主啊，感謝祢指示我們何為最好的行為方式，求祢幫助我們清楚明白如何為孩子立正確界線。也求祢幫助在場每一位父母迎向各自的挑戰，幫助每一位對待子女時不但有愛也有界線。奉耶穌的名祈求，阿們。」

第 7 週

第四課——教導健康的人際關係，上集

10.00　歡迎來賓，並請他們先享用茶點

10.15　複習

「上週以來你是否碰到需要為孩子立界線的情況？請舉一例，並討論結果。」

10.25　開始播放DVD（或現場講課）——第四課上集：人際關係的以身作則和練習（30分鐘）

10.55　練習與討論

「請填寫手冊中的練習，反映式聆聽。請以兩人為一組，一位假裝成小孩（年齡在5至10歲間），另一位假裝是小孩的父母。小孩先說手冊中所列出的句子，例如『我們班上每一個人都畫得比我好。』父母如實反映你認為孩子說這句話時心中的感受，比方『聽起來好像你覺得畫畫很難。』（扮演父母的先不要出意見或給保證——那放到稍後比較合適。）」

然後「小孩」指出「父母」了解得對不對。接著「父母」再次作如實反映。

例如，小孩：「嗯，老師要我們畫的，我一點都畫不出來。」

父母：「那你一定覺得很煩喔。」

對話持續一、兩分鐘，然後交換角色。使用另一句話起頭，遵循上述指示演練下去。

作完以後，兩、三人為一組討論作「小孩」講話有父母聆聽的感覺如何？還有，你覺得作「父母」如實反映小孩的感受難不難？

接著小組討論（請用來賓手冊中「10週課程使用」的討論題目）

11.30　準時結束。鼓勵來賓在下次上課前完成家庭作業練習1。

現場講課：視情況以簡短的禱告作結束，範例：

「感謝主，當我們向祢呼求時，祢都垂聽。請幫助我們好好地傾聽孩子的心聲，也願我們能在辨認與認出孩子感受的方面越來越有長進。奉耶穌的名祈求，阿們。」

第8週
第四課——教導健康的關係，下集

10.00　歡迎來賓，並請他們先享用茶點

10.15　複習

「請討論有沒有比較懂得傾聽孩子的心聲，上週以來有沒有嘗試『反映式聆聽』？若有，結果是否不一樣？」

10.25　開始播放DVD（或現場講課）——第四課下集：處理怒氣（我們的和孩子的）（27分鐘）

10.52　小組討論（請用來賓手冊中「10週課程使用」的討論題目）

11.30　準時結束。鼓勵來賓在下次上課前完成家庭作業練習2。

現場講課：視情況以簡短的禱告作結束，範例：

「主啊，感謝祢以耐心和仁慈待我們。感謝祢饒恕做錯事的我們。求祢使我們的家常常有道歉與饒恕，求祢幫助我們好好地解決衝突，給孩子作良好的示範，讓他們看到如何用健康的方式處理怒氣。奉耶穌的名祈求，阿們。」

第9週
第五課——父母的長期目標，上集

10.00　歡迎來賓，並請他們先享用茶點

10.15　複習

「請討論上週以來你對處理自己的和孩子的怒氣，有什

麼新的領悟，有沒有帶來改變？」

10.25　開始播放DVD（或現場講課）──第五課上集：鼓勵孩子負責任（30分鐘）

10.55　作業與討論

請來賓填寫作業「逐漸放手」，然後小組討論（請用來賓手冊中「10週課程使用」的討論題目）

11.30　準時結束。鼓勵來賓在下次上課前完成家庭作業練習1和2。

現場講課：視情況以簡短的禱告作結束，範例：

「感謝主引導我們、保護我們。求祢使用我們引導與保護我們的孩子，同時幫助他們為自己的行為負責任、作好的選擇。奉耶穌的名祈求，阿們。」

第 10 週

第五課──父母的長期目標，下集

10.00　歡迎來賓，並請他們先享用茶點

10.15　報告事項（視情況）、複習

- 「下課後請把握特價的機會購買推薦的書籍。」
- 「請儘量拿下一期課程的邀請卡，給任何你認為會對此課程有興趣的人。」
- 「上完本課程的夫婦不妨接著參加婚姻課程，如果你們想一起來上課的話，歡迎報名參加，也請多拿一些邀請卡，邀請別人來參加。」
- 「啟發課程是探索人生意義、討論基督教信仰的好機會。這套課程已經幫助許多父母確定他們希望將哪些信念與價值觀傳遞給下一代。這裡有課程邀請卡，請踴躍參加。」
- 「請您花幾分鐘填寫問卷，不但可幫助您回顧整個課程，並且您所給我們的反饋能幫助我們下次把課程

辦得更好。課程結束前，我們會給大家幾分鐘填寫問卷。」

請從我們的網站：**relationshipcentral.org**下載問卷。

10.30 開始播放DVD（或現場講課）——第五課下集：傳承信仰與價值觀（30分鐘）

11.00 小組討論（請用來賓手冊中「10週課程使用」的討論題目）

11.30 準時結束。鼓勵來賓完成家庭作業練習3。

請來賓填寫反饋問卷並交回，再離開。

現場講課：視情況以簡短的禱告作結束，範例：

「主，我們感謝祢，這裡每一位來賓的孩子祢都認識，祢都愛他們，我們可以為他們向祢祈求，感謝祢垂聽我們的祈求。也為除了我們作父母的以外，其他協助引導孩子、給孩子好的影響的人感謝祢。求祢實現祢對每一個孩子的旨意。請幫助我們將我們的孩子交託給祢，也把我們的期盼和渴望都交在祢手中。願我們都能營造充滿愛與安全感的家，讓我們的孩子在其中自由自在地發揮祢所創造的獨特性。奉耶穌的名祈求，阿們。」

教室佈置建議

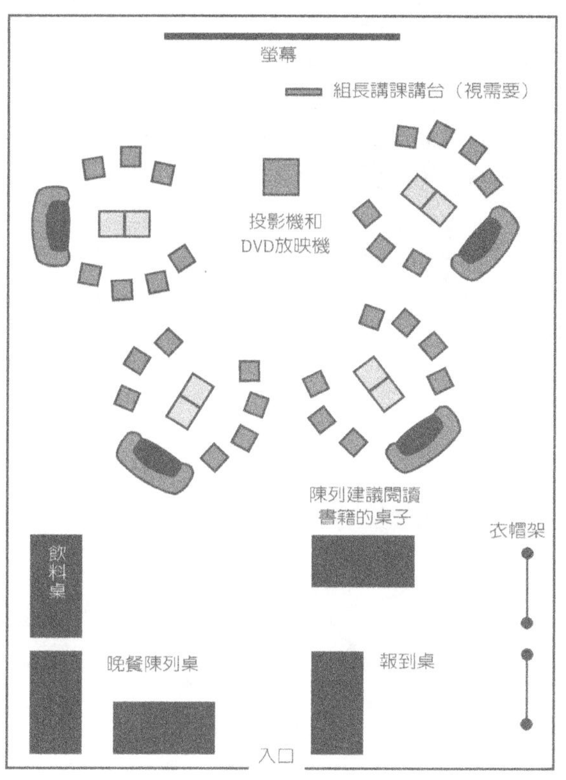

請注意：供小組使用的桌子可以兩張小桌合併（如圖示），
也可以用一張大桌子。

聯絡資料

如欲了解給已婚夫婦或同居伴侶的美滿婚姻課程（The Marriage Course），給已訂婚者（準夫婦）的美滿婚姻預備課程（The Marriage Preparation Course），給育有11至18歲子女者之青少年親子教育課程（The Parenting Teenagers Course），或欲進一步了解本課程，請上我們的網站

李力奇與李希拉合著

《親子教育》（暫譯）

訂購請至：alphashop.org

ISBN 978 1 905887 36 1

Price £7.99

relationshipcentral.org

www.ingramcontent.com/pod-product-compliance
Lightning Source LLC
LaVergne TN
LVHW021945220826
846092LV00010B/1228

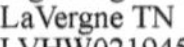